AF219564

Impressum
Verlag: BABADADA GmbH, Nedderfeld 112 , 22529 Hamburg
Geschäftsführer / Verlagsleitung: Harald Hof
Druck: Books on Demand GmbH, In de Tarpen 42, 22848 Norderstedt

Imprint
Publisher: BABADADA GmbH, Nedderfeld 112 , 22529 Hamburg, Germany
Managing Director / Publishing direction: Harald Hof
Print: Books on Demand GmbH, In de Tarpen 42, 22848 Norderstedt

мактаб
el colegio

тақсим кардан
dividir

186/2

тахтаи синф
el pizarrón

синф
el aula

сахни мактаб
el patio de la escuela

муаллим
el maestro

коғаз
el papel

навиштан
escribir

ручка
la birome

мизи хатнависӣ
el escritorio

чадвал
la regla

китоб
el libro

талаба
el alumno

чузвдон

la mochila

қаламдон

la caja de lápices

қалам

el lápiz

қаламтезкунак

el sacapuntas

хаткуркунак

la goma (de borrar)

блокноти расмкашӣ

el bloc de dibujo

расм

el dibujo

мӯқалами рассомӣ

el pincel

қуттии рангҳо

la caja de pinturas

қайчӣ

la tijera

ширеш

el pegamento

дафтари машқ

el cuaderno de ejercicios

вазифаи хонагӣ

la tarea

рақам

el número

ҷамъ кардан

sumar

кам кардан

restar

зарб задан

multiplicar

ҳисоб кардан

calcular

ҳарф

la letra

алфавит

el abecedario

калима

la palabra

матн

el texto

хондан

leer

бӯр

la tiza

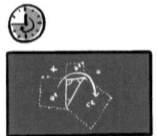

дарс

la lección

журнали синфӣ

el cuaderno de clase

имтиҳон

el examen

шаҳодатнома

el certificado

либоси мактабӣ

el uniforme escolar

таҳсил/маориф

la educación

энсиклопедия

la enciclopedia

донишгоҳ

la universidad

микроскоп (more frequently used)

el microscopio

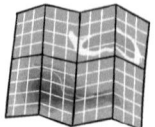

харита

el mapa

сабади партофҳои коғазӣ

el tacho (de basura)

саёҳат
el viaje

меҳмонхона
el hotel
Grand
хобгоҳ
el hostel
ROOMS
нуқтаи мубодилаи асъор
la casa de cambio
EXCHANGE
чамадон
la valija
мошин
el auto

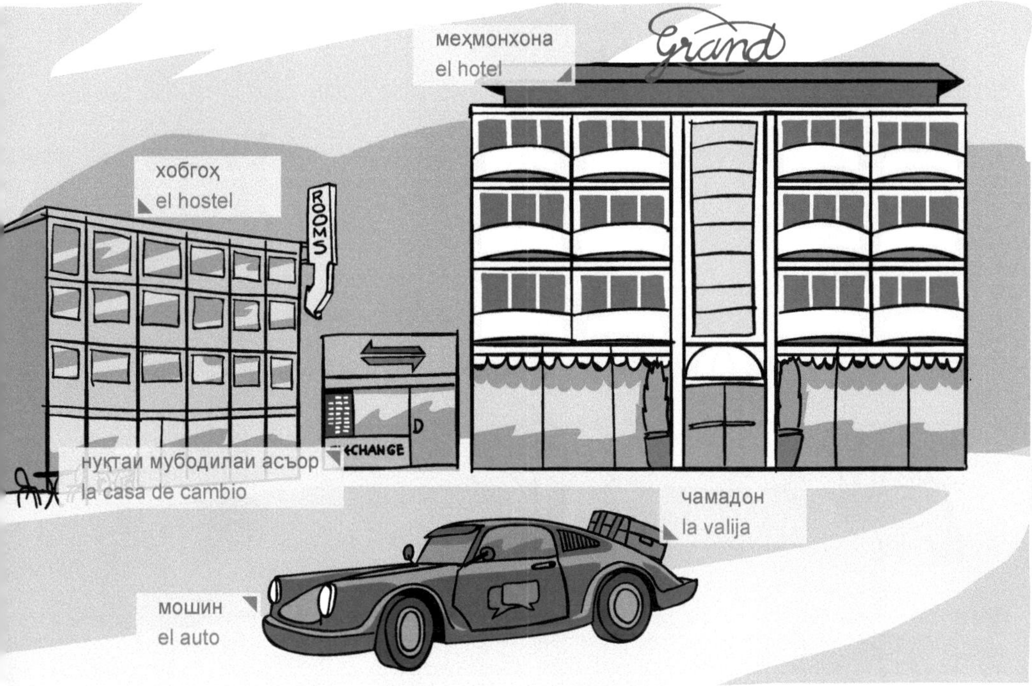

забон

el idioma

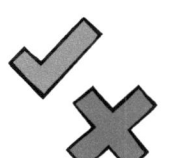

ҳа / не

sí / no

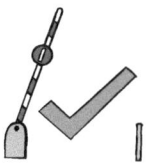

Хуб

Está bien

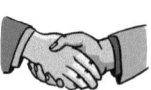

Ассалому алейкум

hola

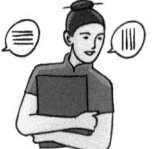

тарҷумон

el traductor

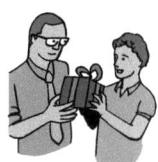

Раҳмат

Gracias

чй қадар аст ...?

¿cuánto cuesta…?

Ман намефаҳмам

No entiendo

проблема

el problema

шаб ба хайр!

¡Buenas tardes!

субҳ ба хайр

¡Buenos días!

шаби хуш

¡Buenas noches!

хайр

el adiós

равона

la dirección

бағоҷ

el equipaje

чузвдон

el bolso

борхалта

la mochila

меҳмон

el invitado

хона

la habitación

хобхалта

la bolsa de dormir

хайма

la carpa

маълумоти сайёҳӣ

la información turística

соҳил

la playa

корти кредитӣ

la tarjeta de crédito

наҳорӣ

el desayuno

хӯроки пешин

el almuerzo

хӯроки шом

la cena

чипта

el pasaje

лифт

el ascensor

марка

el sello

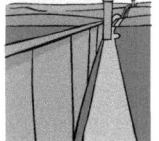

сарҳад

la frontera

Гумрук

la aduana

сафорат

la embajada

раводид

la visa

шиносномa

el pasaporte

нақлиёт

el transporte

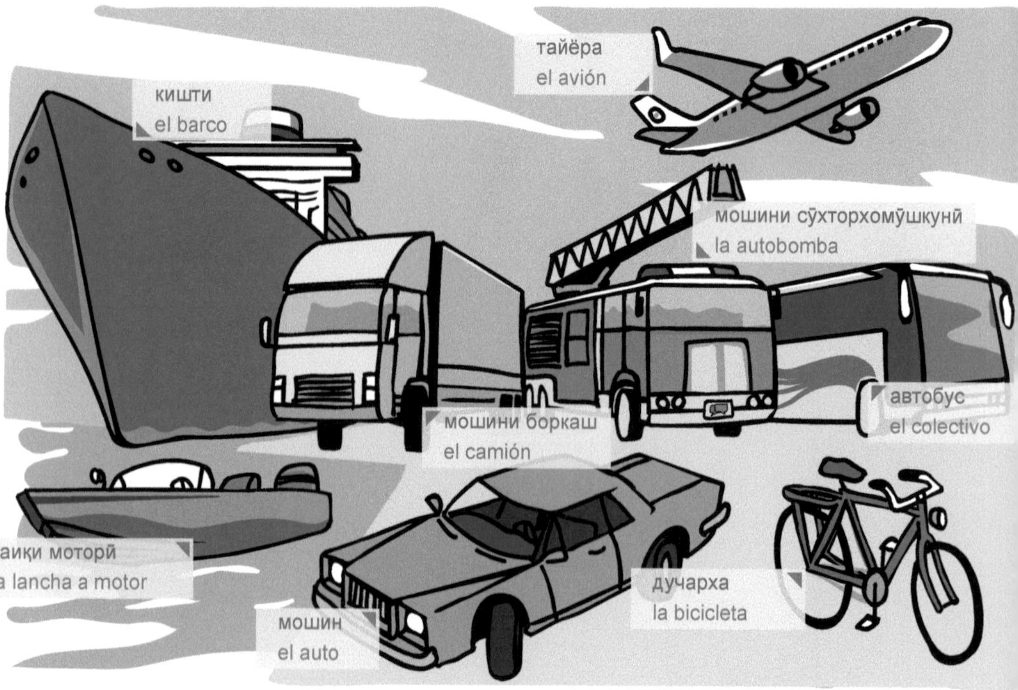

тайёра
el avión
киштӣ
el barco
мошини сӯхторхомӯшкунӣ
la autobomba
автобус
el colectivo
мошини боркаш
el camión
қаиқи моторӣ
la lancha a motor
дучарха
la bicicleta
мошин
el auto

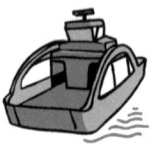

паром
el ferry

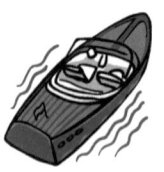

қаиқ
el bote

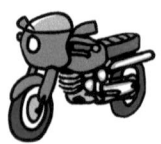

мотосикл
la moto

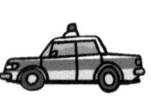

мошини полис
el patrullero

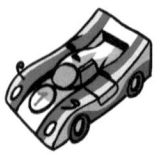

мошини тезрави пойгаи
el auto de carreras

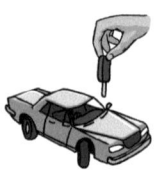

кирояи мошинҳо
el auto de alquiler

ҳамроҳ истифодабарии
мошин

el alquiler de autos

эвакуатор

la grúa

павтовчамъкунй

el camión de la basura

муҳаррик

el motor

сӯзишворӣ

la nafta

нуқтаи фурӯши сӯзишворӣ

la estación de servicio

аломати роҳ

la señal de tránsito

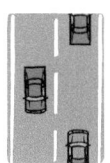

ҳаракат

el tránsito

бандшавии ҳаракати роҳ

el embotellamiento

ҷои исти мошинҳо

el estacionamiento

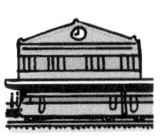

истгоҳи роҳи оҳан

la estación de tren

роҳи оҳан

las vías

қатора

el tren

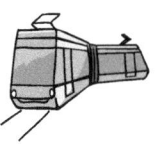

тамвай

el tranvía

вагон

el vagón

чархбол

el helicóptero

фурудгоҳ

el aeropuerto

манора

la torre

мусофир

el pasajero

контейнер

el contenedor

щутии картонӣ

la caja de cartón

ароба

la carretilla

сабад

la canasta

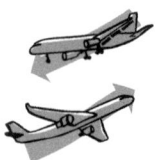

гирифтан / замин

despegar / aterrizar

шаҳр

la ciudad

деҳа

el pueblo

маркази шаҳр

el centro de la ciudad

хона

la casa

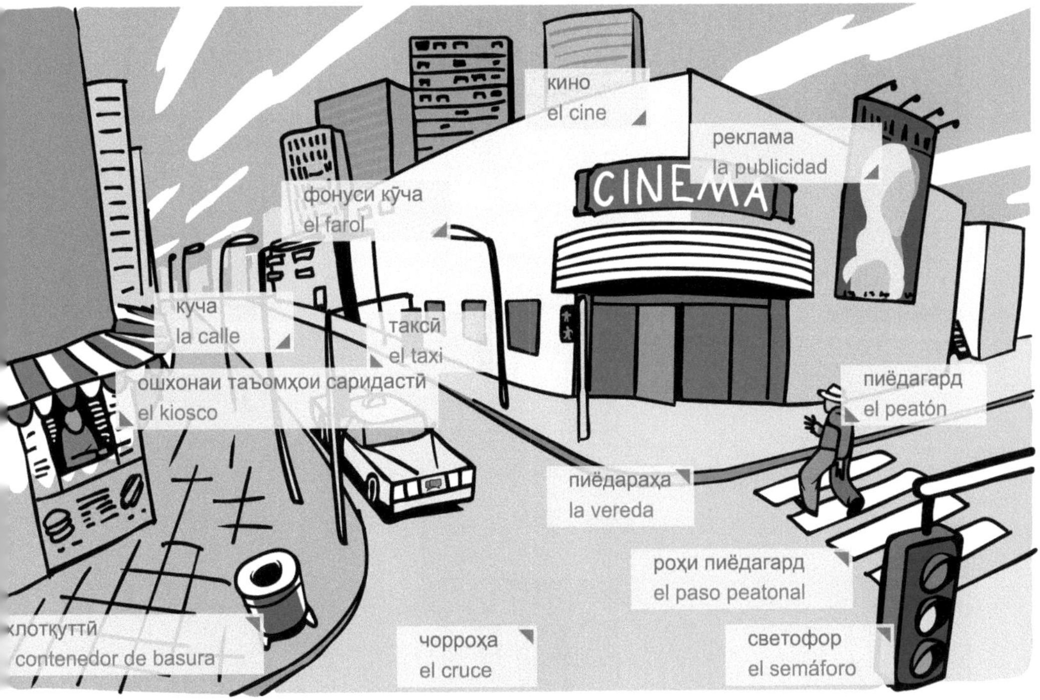

кино
el cine

реклама
la publicidad

фонуси кӯча
el farol

кӯча
la calle

таксӣ
el taxi

ошхонаи таъомҳои саридастӣ
el kiosco

пиёдагард
el peatón

пиёдараҳа
la vereda

роҳи пиёдагард
el paso peatonal

хлоткуттӣ
contenedor de basura

чорроҳа
el cruce

светофор
el semáforo

кулба
la cabaña

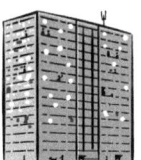

ҳамвор
el departamento

истгоҳи роҳи оҳан
la estación de tren

бинои маъмурияти шаҳр
la municipalidad

осорхона
el museo

мактаб
el colegio

шаҳр - la ciudad

11

донишгоҳ

la universidad

бонк

el banco

бемористон

el hospital

меҳмонхона

el hotel

доухона

la farmacia

идора

la oficina

сехи китоб

la librería

сехи

el negocio

мағозаи гулфурӯшй

la florería

супермаркет

el supermercado

бозор

el mercado

универмаг

las grandes tiendas

мағозаи моҳифурӯшй

la pescadería

маркази савдо

el centro comercial

бандар

el puerto

парк

el parque

бонк

el banco

пул

el puente

зинапоя

las escaleras

метро

el subte

нақби

el túnel

истгоҳи автобус

la parada del colectivo

бар

el bar

тарабхона

el restaurante

қуттии почта

el buzón

аломати номи кӯчаҳо

el letrero

ҳисобкунаки исти мошинҳо

el parquímetro

боғи ҳайвонот

el zoológico

ҳавзи шиноварӣ

la pileta

масҷид

la mezquita

ферма

la granja

ифлоскунӣ

la contaminación

қабристон

el cementerio

калисо

la iglesia

майдончаи бозӣ

los juegos infantiles

маъбад

el templo

ландшафт

el paisaje

барг
la hoja

аломати роҳнамо
el poste indicador

рох
el camino

алафзор
la pradera

санг
la piedra

дарахт
el árbol

сайёҳ
el excursionista

дарё
el río

алаф
la hierba

гул
la flor

водй

el valle

кӯҳ

la montaña

кул

el lago

беша

el bosque

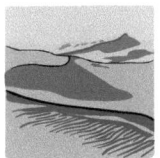

биёбон

el desierto

вулкан

el volcán

қалъа

el castillo

рангинкамон

el arco iris

занбӯруғ

el champiñón

дарати нахл

la palmera

хомӯшак

el mosquito

паридан

la mosca

мурча

la hormiga

занбур

la abeja

тортанак

la araña

гамбӯсак

el escarabajo

қурбоққа

la rana

санчоб

la ardilla

хорпушт

el erizo

харгӯш

la liebre

бум

la lechuza

парранда

el pájaro

мурғи қу

el cisne

хуки ваҳшй

el jabalí

оҳу

el ciervo

гавазн

el alce

сарбанд

la presa

турбина шамол

el aerogenerador

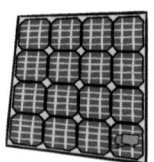

панел офтобй

el panel solar

иқлим

el clima

тарабхона
el restaurante

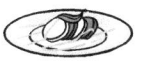

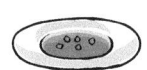

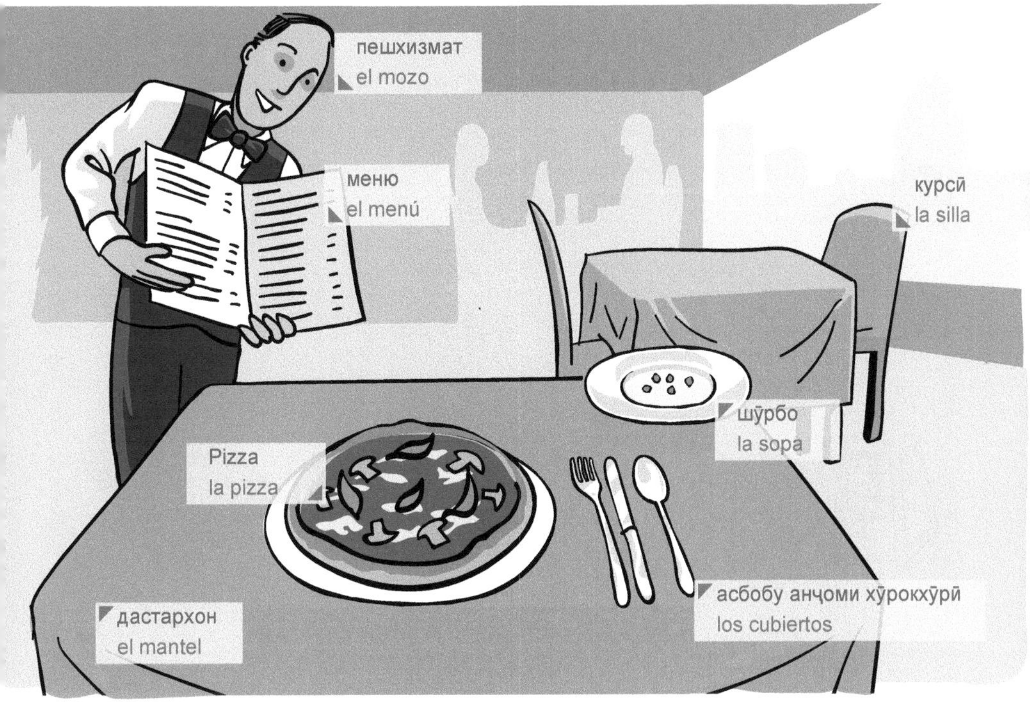

пешхизмат
el mozo
меню
el menú
курсӣ
la silla
шӯрбо
la sopa
Pizza
la pizza
асбобу анҷоми хӯрокхӯрӣ
los cubiertos
дастархон
el mantel

стартер/корандоз
la entrada

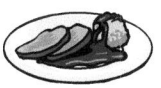

хӯроки асосӣ
el plato principal

десерт
el postre

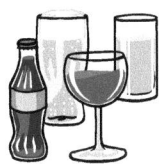

нӯшокиҳои
las bebidas

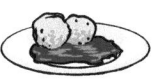

таъом
la comida

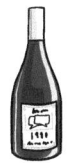

шиша
la botella

Хӯроки Тез Таёр мешуда

la comida rápida

хӯроки кӯчагӣ

la comida callejera

чойник

la tetera

шакардон

la azucarera

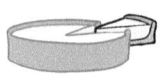

қисм/порча

la porción

мошини espresso

la cafetera expreso

курсии кӯдакона

la sillita alta

ҳисоб

la cuenta

зарфмонак

la bandeja

корд

el cuchillo

чангол

el tenedor

қошуқ

la cuchara

қошуқча

la cucharita

сачоқи қоғазӣ

la servilleta

истакон

el vaso

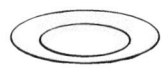

табақча

el plato

косача

el plato hondo

тақсимча

el plato

соус

la salsa

намакдон

el salero

мурчдон

el molinillo de pimienta

сирко

el vinagre

равғани растанӣ

el aceite

приправа

las especias

кетчуп

el kétchup

хардал

la mostaza

майонез

la mayonesa

супермаркет

el supermercado

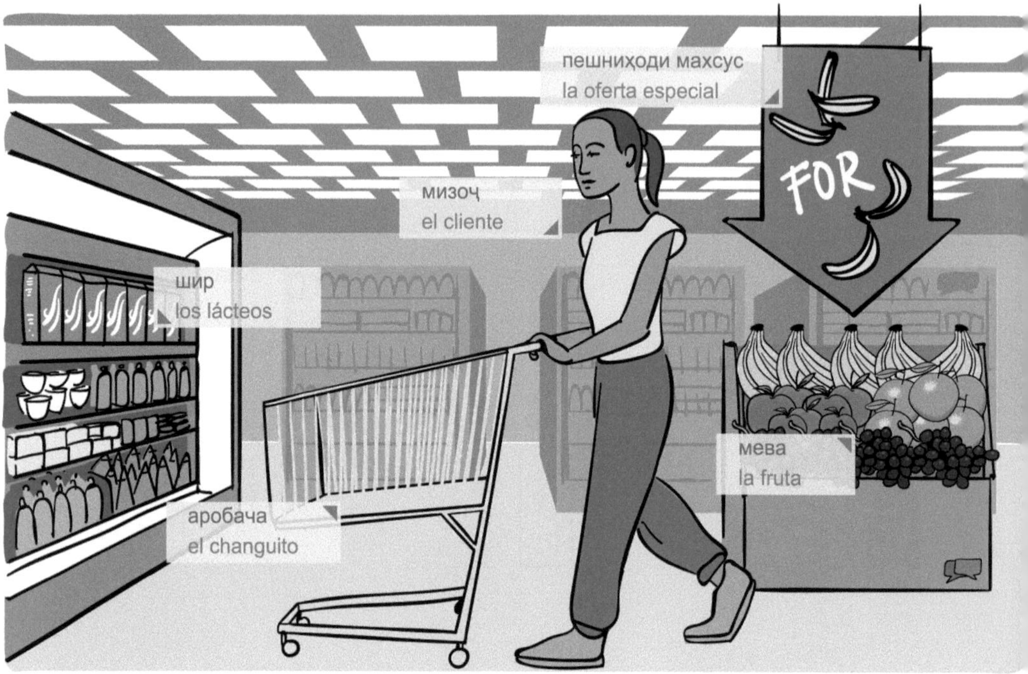

пешниҳоди махсус
la oferta especial
FOR
мизоҷ
el cliente
шир
los lácteos
мева
la fruta
аробача
el changuito

BUTCHERS

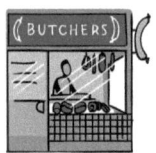

дукони гӯштфурӯшӣ

la carnicería

BAKERY

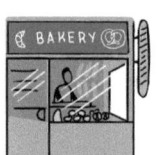

дукони нонфурӯшӣ

la panadería

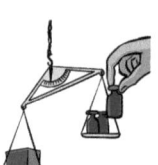

баркашидан

pesar

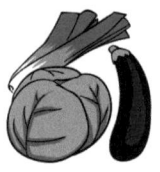

сабзавот

las verduras

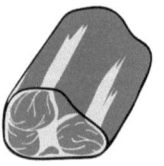

гӯшт

la carne

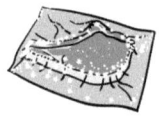

хӯроки яхбаста

los alimentos congelados

тилимҳои борик буридаи гушт

los fiambres

озуқаворӣ консервонидашуда

los alimentos enlatados

хокаи либосшӯӣ

el detergente en polvo

ширинӣ

las golosinas

асбоби рӯзгор

los electrodomésticos

воситаҳои тозакунанда

los productos de limpieza

фурӯшанда

la vendedora

касса

la caja

кассир

el cajero

рӯихати харидкунӣ

la lista de compras

соат ифтитоҳи

el horario de atención

ҳамён

la billetera

корти кредитӣ

la tarjeta de crédito

ҷуздо

la cartera

пакет

la bolsa de plástico

об

el agua

шарбат

el jugo

шир

la leche

кола

la bebida cola

шароб

el vino

оби ҷав

la cerveza

машрубот

el alcohol

какао

el cacao

чой

el té

қаҳва

el café

эспрессо

el café expreso

каппучино

el cappuccino

банан

la banana

себ

la manzana

норанҷӣ

la naranja

харбуза

el melón

лимӯ

el limón

сабзӣ

la zanahoria

сир

el ajo

бамбук

el bambú

пиёз

la cebolla

занбӯруғ

el champiñón

чормағз

las nueces

угро

los fideos

спагеттй

los tallarines

биринҷ

el arroz

салат

la ensalada

картошкаи қоқак

las papas fritas

картошкабирён

las papas fritas

Pizza

la pizza

гамбургер

la hamburguesa

бутербурод

el sándwich

шнитсел

el churrasco

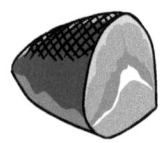

гӯшти намакардаи хук

el jamón

ҳасиби салямй

el salame

ҳасиб

la salchicha

мурғ

el pollo

кабоб

el asado

моҳй

el pescado

ярмаи ҷав

los copos de avena

омехтаи ғалладонагй

el muesli

ярмаи чуворимакка

los copos de maíz

орд

la harina

кулчақанд

la medialuna

кулчақанд

el pancito

нон

el pan

як порча нони бирён

la tostada

кулчачаҳои қандин

las galletitas

маска

la manteca

творог

la cuajada

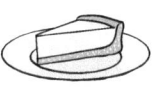

пирог

la torta

тухм

el huevo

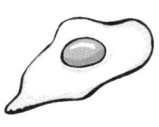

тухм бирён

el huevo frito

панир

el queso

яхмос

el helado

шакар

el azúcar

асал

la miel

мураббо

la mermelada

хамираи ҳалво

la pasta de chocolate

Curry

el curry

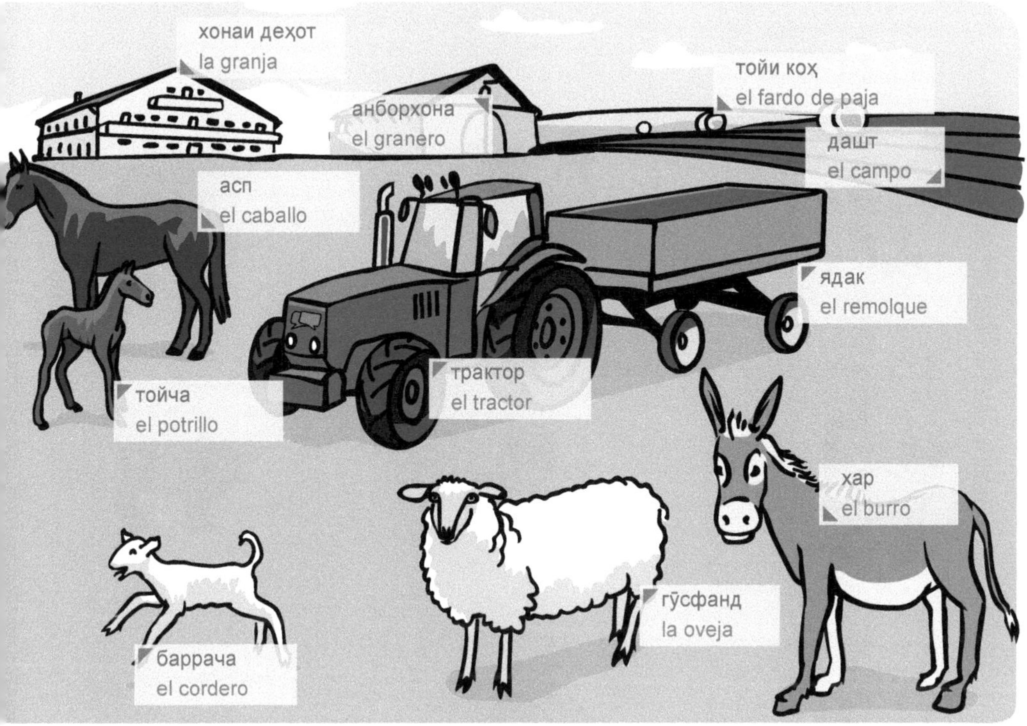

хонаи деҳот
la granja

тойи коҳ
el fardo de paja

анборхона
el granero

дашт
el campo

асп
el caballo

ядак
el remolque

тойча
el potrillo

трактор
el tractor

хар
el burro

баррача
el cordero

гӯсфанд
la oveja

буз
la cabra

гов
la vaca

гӯсола
el ternero

хук
el cerdo

хукча
el lechón

буққа
el toro

қоз

el ganso

мурғобӣ

el pato

чӯча

el pollo

мурғ

la gallina

хурӯс

el gallo

каламуш

la rata

гурба

el gato

муш

el ratón

барзагов

el buey

саг

el perro

хоначаи саг

la cucha

рӯдаи резинӣ

la manguera

камобӣ метавонад

la regadera

дос

la guadaña

сипори шудгоркунии замин

el arado

доси

la hoz

каланд

la azada

панҷшоха

la horquilla

табар

el hacha

ароба

la carretilla

охур

el abrevadero

зарфи ширгирӣ

la lechera

халта

la bolsa

девор

la reja

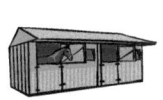

мӯътадил

el establo

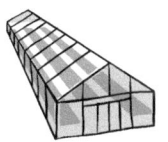

гармхона

el invernadero

хок

el suelo

тухмӣ

la semilla

нуриҳо

el fertilizador

комбайни ғаллағундорӣ

la cosechadora

хосил

cosechar

хосил

la cosecha

yams

las batatas

гандум

el trigo

лубиж

la soja

картошка

la papa

ҷуворй

el maíz

донаи маъсар

la semilla de colza

дарахти мева

el árbol frutal

manioc

la mandioca

ғалладона

los cereales

хона
la casa

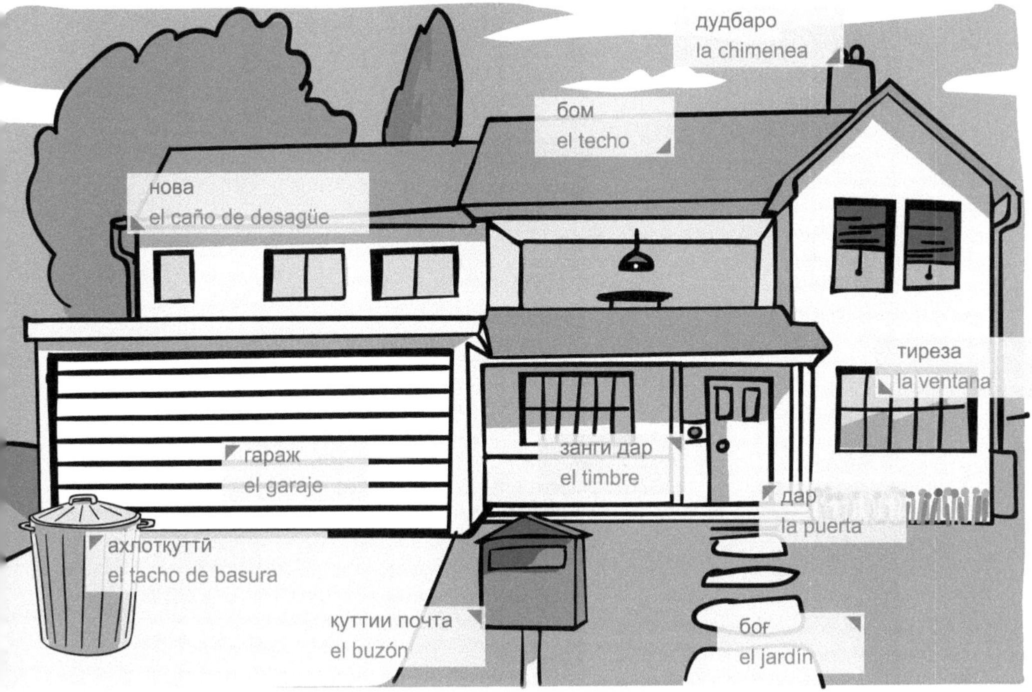
дудбаро
la chimenea
бом
el techo
нова
el caño de desagüe
тиреза
la ventana
гараж
el garaje
занги дар
el timbre
дар
la puerta
ахлотқуттӣ
el tacho de basura
қуттии почта
el buzón
боғ
el jardín

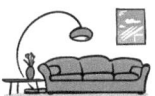

мехмонхона

el living

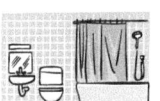

ҳамом

el baño

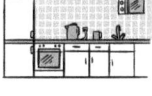

ошхона

la cocina

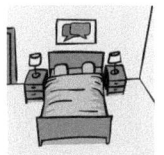

хонаи хоб

el dormitorio

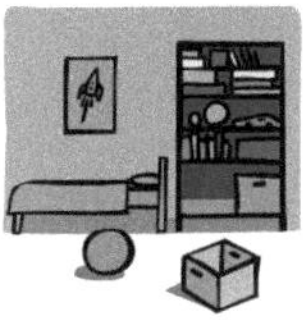

ҳуҷраи кӯдакона

el cuarto de los chicos

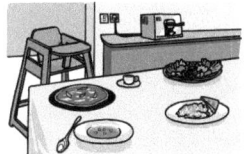

ошхона

el comedor

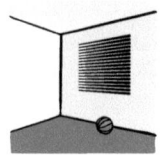

ошёна

el piso

девор

la pared

шифт

el cielorraso

тагзаминӣ

el sótano

сауна

el sauna

балкон

el balcón

суфача

la terraza

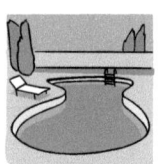

ҳавз

la pileta

мошини алафдарав

la cortadora de pasto

варақ

la sábana

кампал

el acolchado

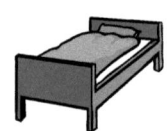

кат

la cama

чорӯб

la escoba

сатил

el balde

калид

el interruptor

мехмонхона
el living

зардеворӣ
el empapelado
расм
la imagen
лампа
la lámpara
рафи китобмонӣ
el estante
ҷевони зарфҳо
el armario
телевизор
la televisión
оташдон
la chimenea
гул
la flor
болишт
el almohadón
диван
el sofá
гулдон
el florero
пулт
el control remoto

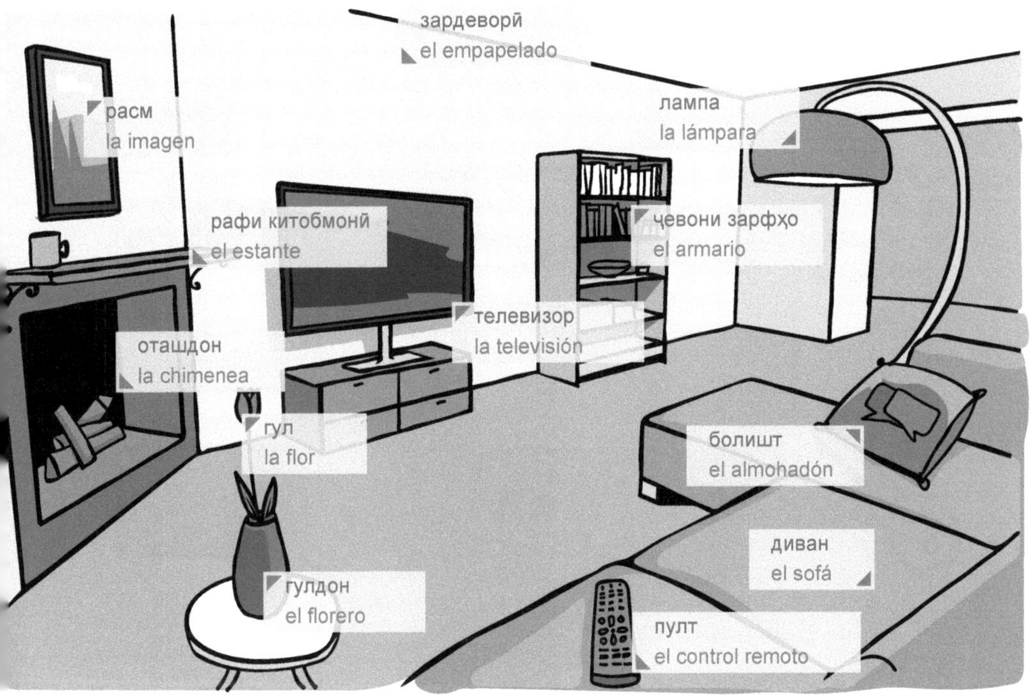

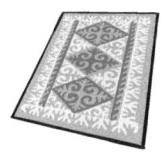

қолин

la alfombra

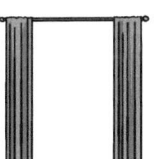

парда

la cortina

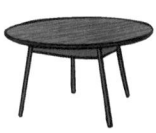

мизи

la mesa

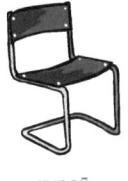

курсӣ

la silla

rocking кафедраи

la mecedora

курсӣ

el sillón

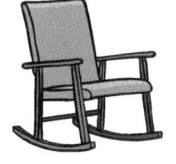

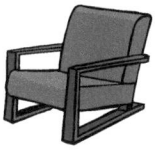

китоб

el libro

курпа

la frazada

ороиш

la decoración

ҳезум

la leña

филм

la película

дастгоҳи hi-fi

el equipo de música

калид

la llave

рӯзнома

el diario

расм

la pintura

эълон

el póster

радио

la radio

китобчаи қайдҳо

el cuaderno

чангкашак

la aspiradora

кактус

el cactus

шам

la vela

ошхона
la cocina

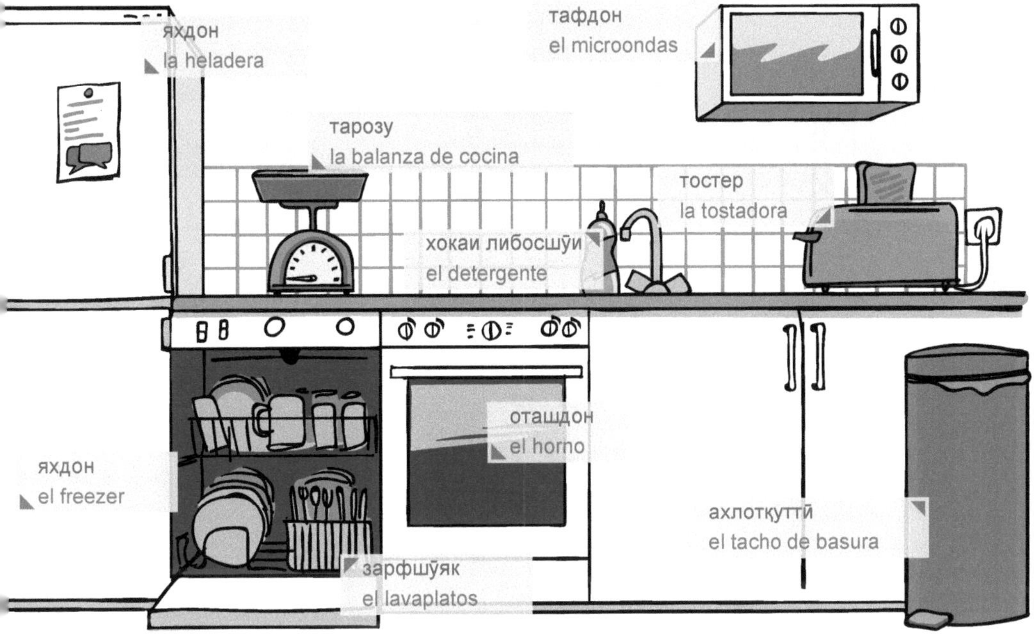
яхдон
la heladera
тафдон
el microondas
тарозу
la balanza de cocina
тостер
la tostadora
хокаи либосшӯӣ
el detergente
отащдон
el horno
яхдон
el freezer
ахлотқуттӣ
el tacho de basura
зарфшӯяк
el lavaplatos

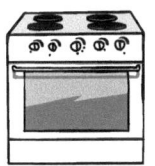

плита
la cocina

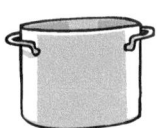

тубак
la olla

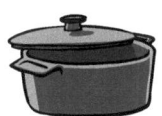

дег
la olla de hierro fundido

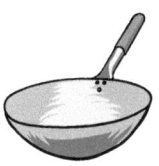

дег / кадй
el wok

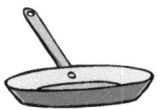

тоба
la sartén

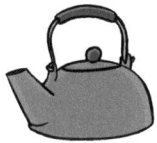

чойник
la pava

steamer

лист

la vaporera

лист

la bandeja de horno

зарф

la vajilla

кружка

la taza

коса

el bol

чубаки хурокхӯрй

los palitos

кафлези

el cucharón

кафлези ҳамвор

la espátula

whisk

la batidora

strainer

el colador

элак

el colador

турбтарошак

el rallador

миномет

el mortero

Кабоб Кардан

la parrilla

оташ кушод

la fogata

тахтаи резакунӣ

la tabla de picar

чӯба

el palo de amasar

пӯккашак

el sacacorchos

банка

la lata

консервокушояк

el abrelatas

дастак

la manopla

дастшӯяк

la pileta

чӯтка

el cepillo

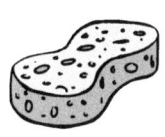

исфанҷ

la esponja

блендер

la batidora

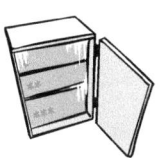

сармодон

el congelador

шишача

la mamadera

ҷумак

la canilla

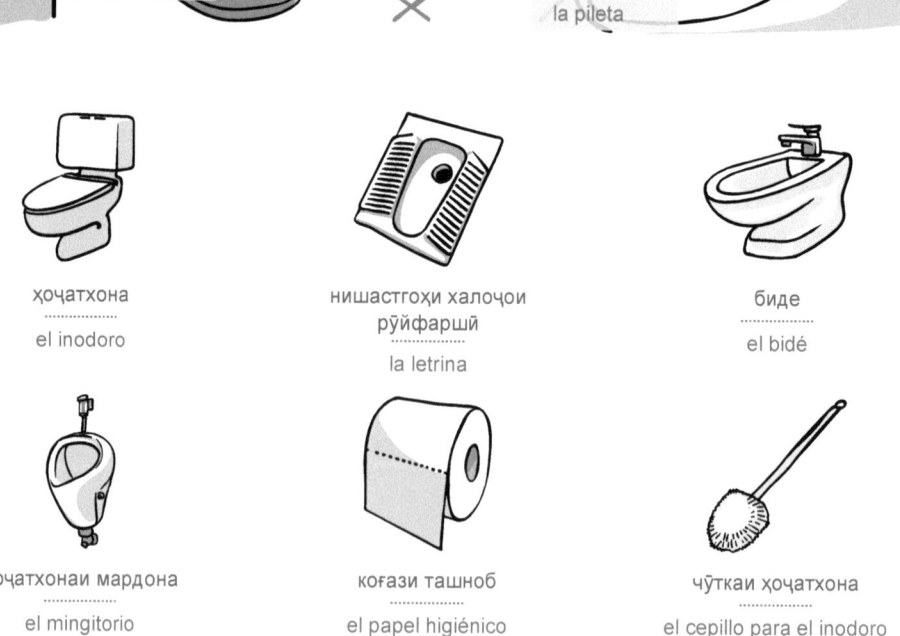

ҳамом

el baño

гармидиҳӣ
la calefacción
сачоқ
la toalla
ваннаи кафкдор
el baño de espuma
душ
la ducha
пардаи душ
la cortina de la ducha
ванна
la bañadera
мошини ҷомашӯӣ
el lavarropas
фарши кошинкорӣ
las baldosas
чумак
la canilla
истакон
el vaso
тубак
la pelela
дастшӯяк
la pileta

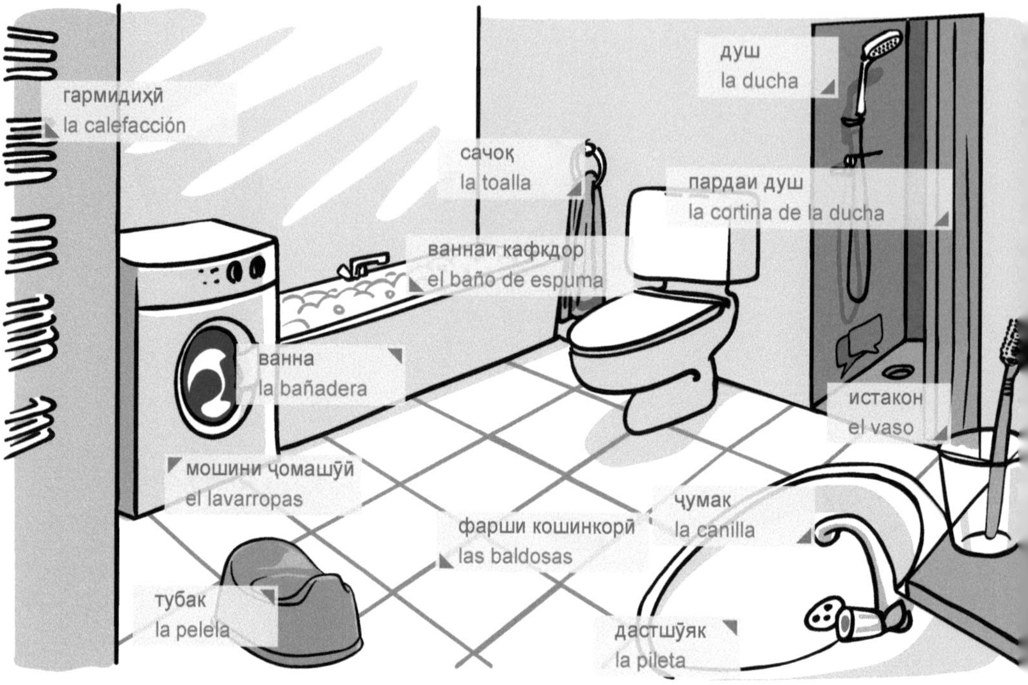

ҳоҷатхона

el inodoro

нишастгоҳи халоҷои рӯйфаршӣ

la letrina

биде

el bidé

ҳоҷатхонаи мардона

el mingitorio

коғази ташноб

el papel higiénico

чӯткаи ҳоҷатхона

el cepillo para el inodoro

дандоншӯяк

el cepillo de dientes

хамираи дандоншӯи

el dentífrico

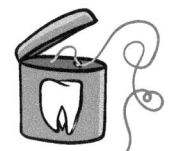

риштаи дандонтозакунӣ

el hilo dental

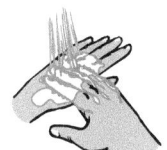

шӯстан

lavar

души дастӣ

la ducha de mano

обшӯй

la ducha higiénica

ҳавза

la palangana

шона кардани мӯй

el cepillo para la espalda

собун

el jabón

гел барои душ

el gel de ducha

шампун

el shampoo

бумазӣ

la toallita

заҳкаш

el desagüe

крем

la crema

дезодорант

el desodorante

оина

el espejo

оинаи дастй

el espejito

риштарошаки барқи

la maquinita de afeitar

кафк барои риштарошй

la espuma de afeitar

оби мушкини баъди
риштарошй

el aftershave

шона

el peine

чӯтка

el cepillo

мӯйхушкунак

el secador de pelo

лак барои мӯй

el spray

косметика

el maquillaje

лабсурхкунак

el lápiz de labios

лок барои нохун

el esmalte para uñas

пахта

el algodón

қайчии нохунгирй

la tijera para uñas

атриёт

el perfume

чузвдони косметики

el portacosméticos

қазои ҳоҷат

la banqueta

тарозу

la balanza

хилъат

la bata

дастпӯшак резина

los guantes de goma

тампон

el tampón

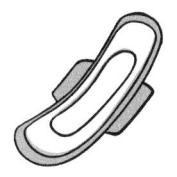

дастмоли санитарӣ

la toallita femenina

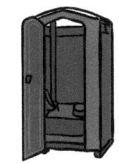

био-ҳоҷатхона

el baño químico

ҳуҷраи кӯдакона

el cuarto de los chicos

соати рӯимизии зангдор
el despertador
бозичаи мулоим
el peluche
мошини бозича
el coche de juguete
тиқ-тиқ кардан
el sonajero
хоначаи бозичагӣ
la casa de muñecas
ҳузур
el regalo

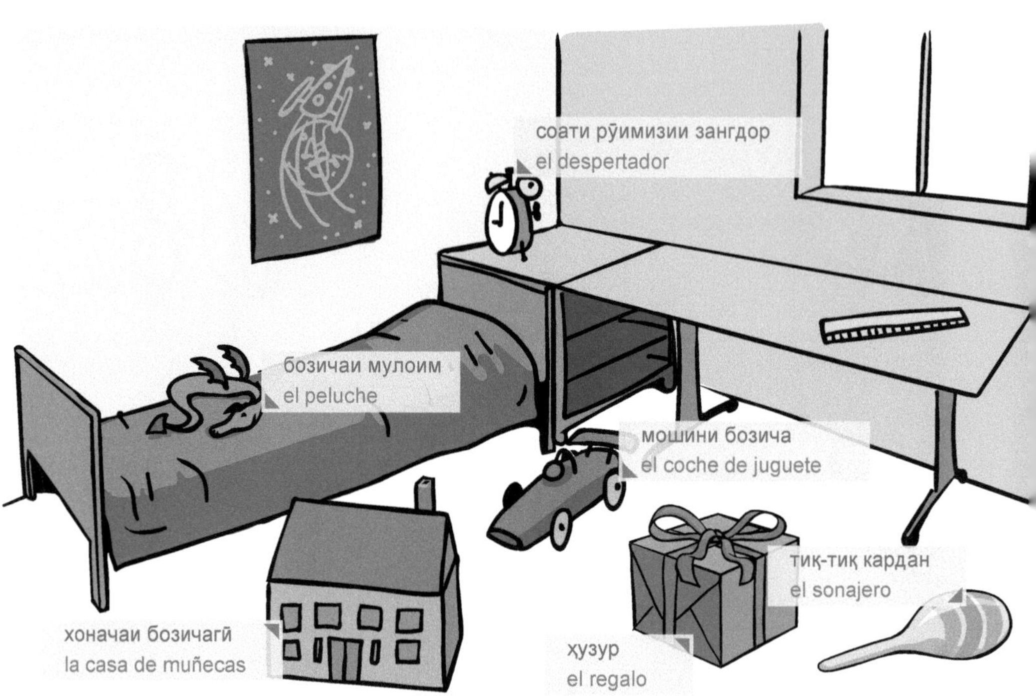

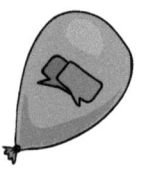

пуфак

el globo

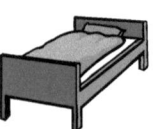

кат

la cama

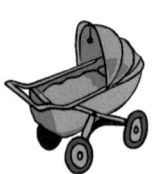

аробочаи кудакона

el cochecito

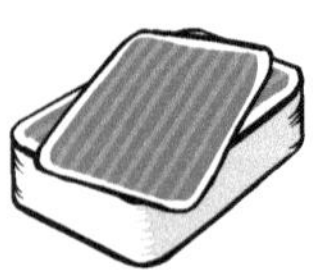

маҷмӯи кортҳо

las cartas

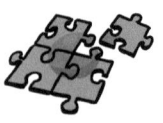

бозии муамоёбӣ

el rompecabezas

SUPER MEGA

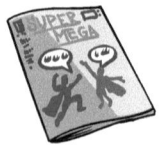

комикс

la historieta

хиштҳои лего

las piezas de lego

мағозаи бозичафурӯхтан

los ladrillos de juguete

рақам амал

la figura de acción

либоси ғаваккашӣ

el enterito (de bebé)

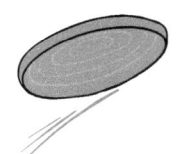

фрисби

el frisbee

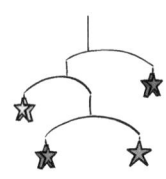

мобилӣ

el móvil para bebés

лавҳачаи бозӣ

el juego de mesa

кубик

los dados

маҷмӯи модели қатора

el tren eléctrico

пистонак

el chupete

ҳизб

la fiesta

китоби расм

el libro de cuentos ilustrado

тӯб

la pelota

лӯхтак

la muñeca

бози кардан

jugar

қуттии рег

el arenero

арғунчак

la hamaca

бозича

los juguetes

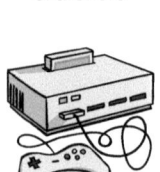

консоли бозиҳои видеой

la consola de videojuegos

велосипеди сечарха

el triciclo

хирсаки бахмалии патдор

el osito de peluche

чевон

el armario

либос

la ropa

чуроб

las medias

чуроби соқбаланд

las medias panty

колготки

las calzas

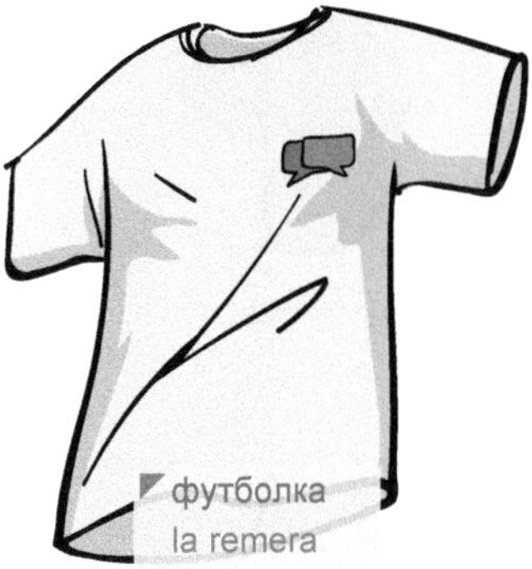

гарданпеч
la bufanda

тасма
el cinturón

чатр
el paraguas

футболка
la remera

кроссовки
las zapatillas

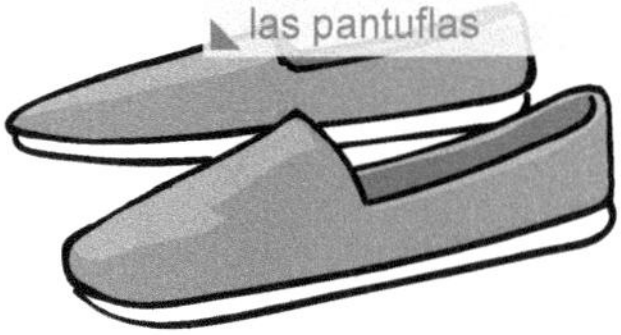

пойафзол
las botas

шиппак
las pantuflas

босоножкй
....
las sandalias

пойафзол
....
los zapatos

музаи резинй
....
las botas de goma

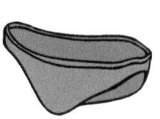

турсй
....
la ropa interior

синабанд
....
el corpiño

майка
....
el chaleco

бадан

el body

шим

los pantalones

чинс

los jeans

юбка

la pollera

куртаи нимтаи занона

la blusa

курта

la camisa

свитер

el pulóver

свитер

el buzo

пичак

el blazer

нимтана

la campera

палто

el tapado

плаш

el piloto

костюм

el traje

куртаи занона

el vestido

либос тӯйи

el vestido de novia

костюм

el traje

куртаи хоб

el camisón

пижама

el pijama

Сари

el sari

рӯймол

el pañuelo para la cabeza

салла

el turbante

ниқобу

la burka

кафтан

el caftán

абая

la abaya

либоси обозӣ

el traje de baño

эзорчаи шиноварии
мардона

el short de baño

шорти

los shorts

либоси варзишӣ

el jogging

пешбанд

el delantal

дастпӯшак

los guantes

тугма

el botón

айнак

los anteojos

дастпона

la pulsera

гарданбанд

el collar

ангуштарин

el anillo

гӯшвора

el aro

кулоҳ

la gorra

либосовезак

la percha

кулоҳ

el sombrero

галстук

la corbata

занҷирак

el cierre

тоскулоҳ

el casco

шимбардор

los tiradores

либоси мактабй

el uniforme escolar

либоси

el uniforme

48   либос - la ropa

пешгир

el babero

пистонак

el chupete

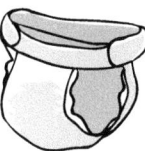

подгузник

el pañal

идора
la oficina

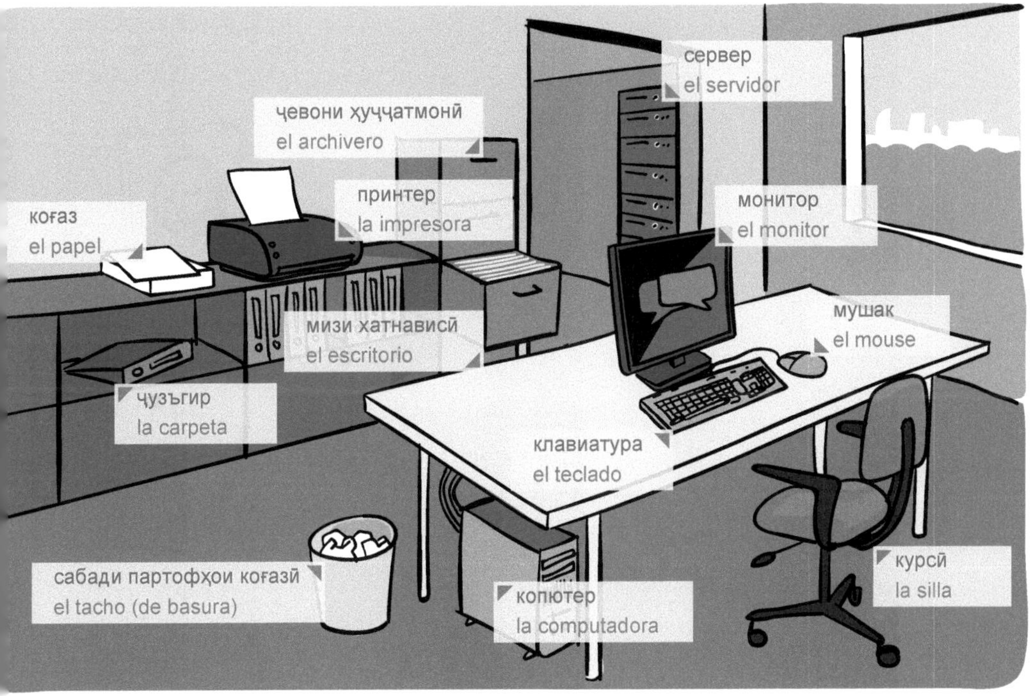

сервер
el servidor

чевони ҳуҷҷатмонӣ
el archivero

принтер
la impresora

коғаз
el papel

монитор
el monitor

мизи хатнависӣ
el escritorio

мушак
el mouse

ҷузъгир
la carpeta

клавиатура
el teclado

сабади партофҳои коғазӣ
el tacho (de basura)

компютер
la computadora

курсӣ
la silla

кружкаи қаҳванӯшӣ

la taza de café

калкулятор

la calculadora

интернет

el internet

ноутбук

la laptop

мактуб

la carta

хабар

el mensaje

телефони мобилӣ

el celular

шабака

la red

нусхабардор

la fotocopiadora

нармафзор

el software

телефон

el teléfono

розетка

el tomacorriente

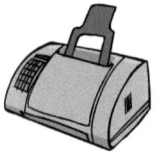

факс

el fax

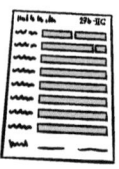

шакл

el formulario

ҳуҷҷат

el documento

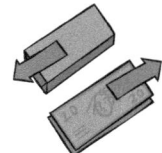

харидан

comprar

пардохт

pagar

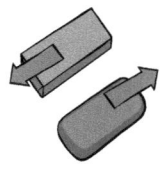

савдо

hacer negocios

пул

el dinero

USD

доллар

el dólar

EUR

евро

el euro

JPY

йен

el yen

RUB

рубл

el rublo

CHF

франки швейцариягӣ

el franco suizo

CNY

юан

el yuan

INR

рупй

la rupia

нуқтаи нақд

el cajero automático

нуқтаи мубодилаи асъор

la casa de cambio

тилло

el oro

нуқра

la plata

равғани растанӣ

el petróleo

энерги

la energía

нарх

el precio

шартнома

el contrato

андоз

el impuesto

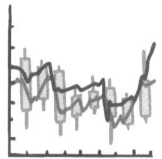

саҳмия

la acción

кор

trabajar

хизматчӣ

el empleado

соҳибкор

el empleador

завод

la fábrica

сехи

el negocio

иқтисодиёт - la economía

корманди полис
el policía

сӯхторхомушкун
el bombero

ошпаз
el cocinero

духтур
el médico

халабон
el piloto

боғбон
el jardinero

чӯбтарош
el carpintero

дӯзанда
la modista

судя
el juez

кимиёшинос
el farmacéutico

актер
el actor

ронандаи автобус

el colectivero

таксист

el taxista

моҳигир

el pescador

фаррошзан

la mucama

устои бомпӯш

el techista

пешхизмат

el mozo

шикорчӣ

el cazador

расом

el pintor

нонвой

el panadero

барқ

el electricista

сохтмончӣ

el albañil

инженер

el ingeniero

қассоб

el carnicero

устои шабакаи об

el plomero

хаткашон

el cartero

сарбоз

el soldado

меъмор

el arquitecto

кассир

el cajero

гулфурӯш

el florista

сартарош

el peluquero

кондуктор

el cobrador

механик

el mecánico

капатан

el capitán

духтури дандон

el dentista

олим

el científico

хохом

el rabino

имом

el imán

шайх

el monje

саркоҳин

el sacerdote

асбобҳо
las herramientas

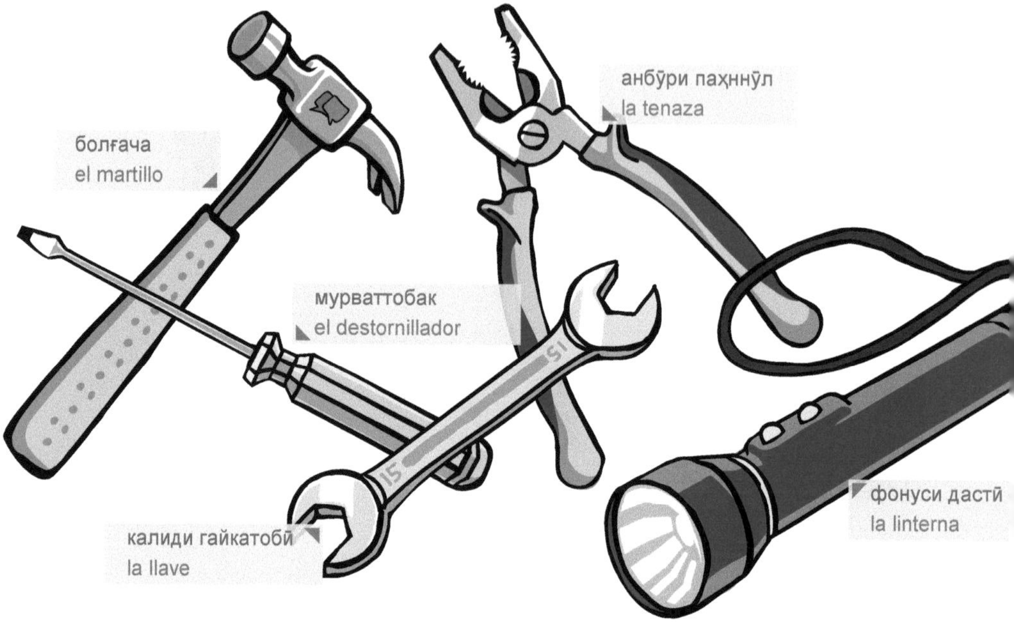
болғача
el martillo
анбӯри паҳннӯл
la tenaza
мурваттобак
el destornillador
калиди гайкатобӣ
la llave
фонуси дастӣ
la linterna

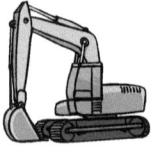

экскаватор

la excavadora

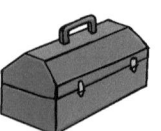

қутии асбобҳо

la caja de herramientas

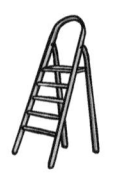

зинапоя

la escalera portátil

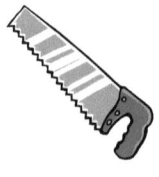

арра

la sierra

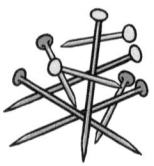

мехҳо

los clavos

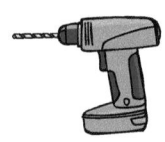

пармаи электрикӣ

el taladro

таъмир

arreglar

бел

la pala de jardín

Сабил монад!

¡Qué bronca!

белчаи хокрӯбагирӣ

la pala de plástico

сатили ранг

el tacho de pintura

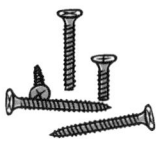

мехи печдор

los tornillos

асбобҳои мусиқӣ
los instrumentos musicales

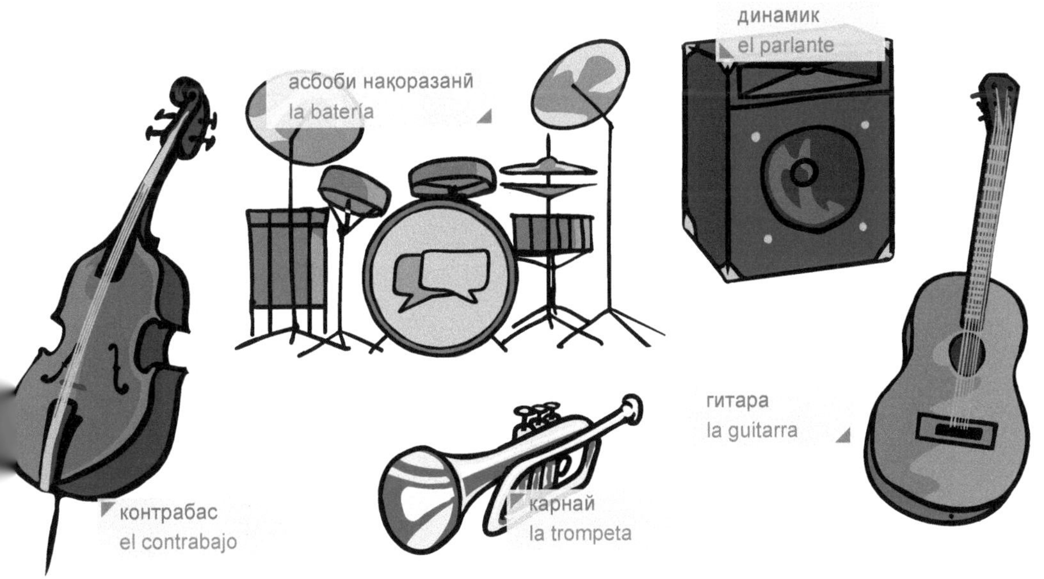

асбоби нақоразанӣ
la batería

динамик
el parlante

гитара
la guitarra

контрабас
el contrabajo

карнай
la trompeta

пианино

el piano

ғиҷҷак

el violín

бас-гитара

el bajo

нақораи поядор

los timbales

нақора

el tambor

клавиатура

el teclado

саксофон

el saxofón

най

la flauta

баландгӯяд

el micrófono

боғи ҳайвонот

el zoológico

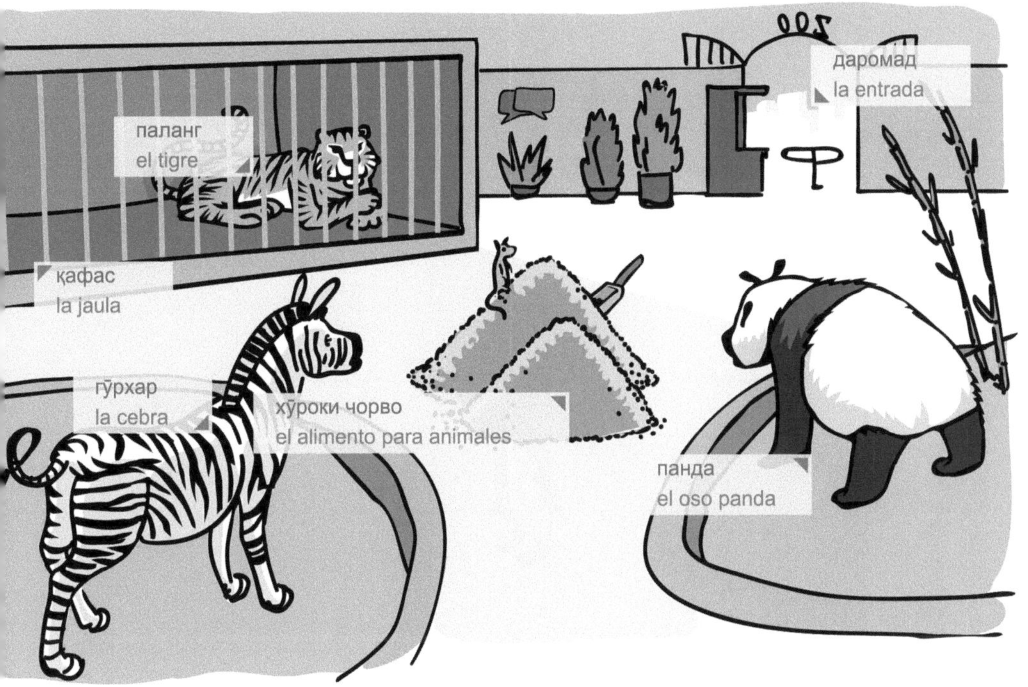

zoo
даромад
la entrada
паланг
el tigre
қафас
la jaula
гӯрхар
la cebra
хӯроки чорво
el alimento para animales
панда
el oso panda

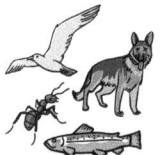

ҳайвонот

los animales

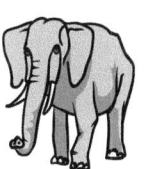

фил

el elefante

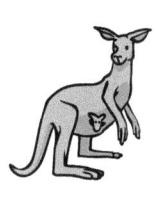

кенгуру

el canguro

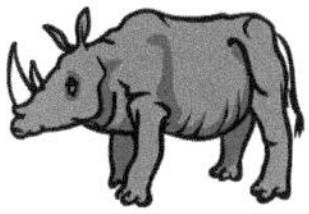

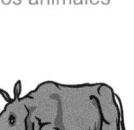

каркадан

el rinoceronte

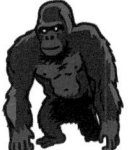

горилла

el gorila

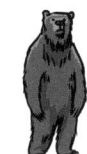

хирси бӯр

el oso

шутур

el camello

шутурмурғ

el avestruz

шер

el león

маймун

el mono

бутимор

el flamenco

тӯти

el loro

хирси сафед

el oso polar

пингвин

el pingüino

наҳанг

el tiburón

товус

el pavo real

мор

la serpiente

тимсоҳ

el cocodrilo

посбон

el cuidador del zoológico

сил

la foca

ягуар

el jaguar

аспи кӯтоҳқад

el poni

леопард

el leopardo

баҳмут

el hipopótamo

зарpoфa

la jirafa

уқоб

el águila

хуки ваҳшӣ

el jabalí

моҳӣ

el pescado

сангпушт

la tortuga

морж

la morsa

рӯбоҳ

el zorro

ғизол/оху

la gacela

футболи амрикои
el fútbol americano

велосипедронӣ
el ciclismo

теннис
el tenis

баскетбол
el básquet

шиноварӣ
la natación

бокс
el boxeo

хоккей
el hockey sobre hielo

футбол
el fútbol

бадмингтон
el bádminton

атлетика
el atletismo

гандбол
el handball

лижаронӣ
el esquí

тӯббозӣ бо асп
el polo

фаъолият

las actividades

ханда
reír
паридан
saltar
оғӯш гирифтан
abrazar
пиёда рафтан
caminar
шеър хондан
cantar
орзӯ кардан
soñar
ибодат кардан
rezar
бӯса кардан
besar

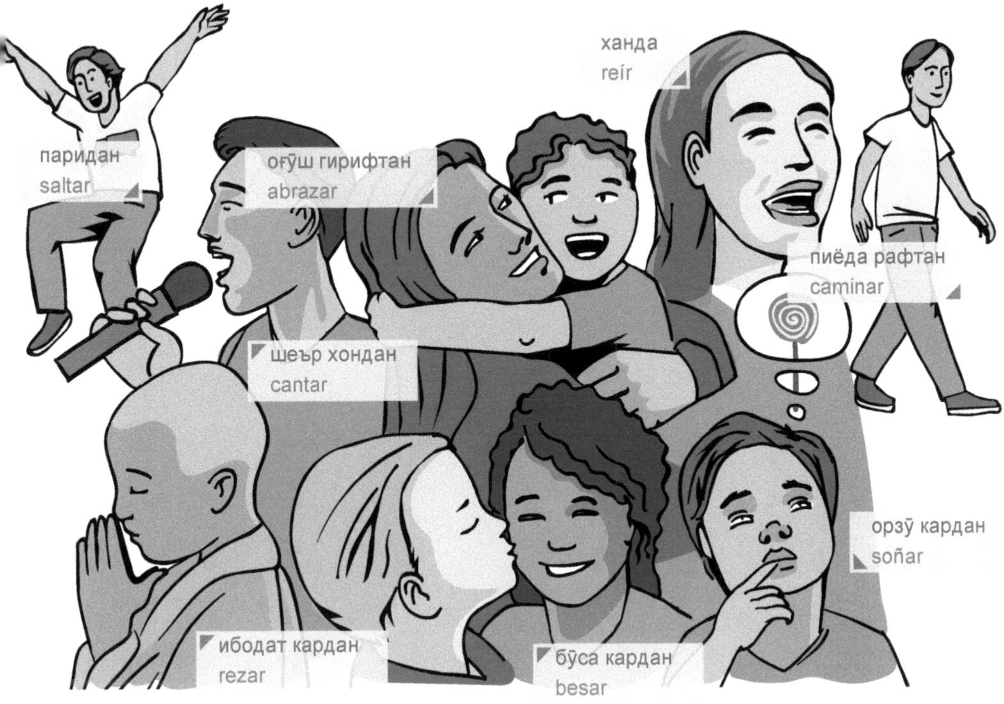

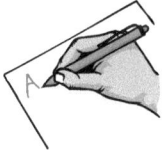

навиштан

escribir

кашидан

dibujar

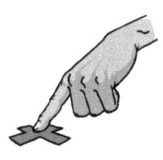

нишон додан

mostrar

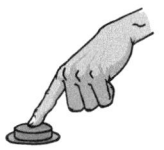

тела додан

presionar

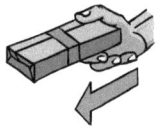

додан

dar

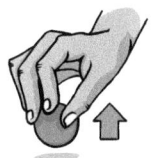

гирифтан

tomar

доранд

tener

кор

hacer

бошад

ser

истодан

estar parado

давидан

correr

кашидан

tirar

партофтан

tirar

афтидан

caer

дароз кашидан

estar acostado

интизор шудан

esperar

бардошта бурдан

llevar

нишастан

estar sentado

либос пӯшидан

vestirse

хобин

dormir

бедор шудан

despertar

нигоҳ кардан

mirar

гиря кардан

llorar

сила кардан

acariciar

шона

peinar

гап задан

hablar

фаҳмидан

entender

пурсидан

preguntar

гӯш кардан

escuchar

нӯштдан

beber

хӯрдан

comer

ғундоштан

ordenar

ишқ

amar

ошпаз

cocinar

рондан

manejar

парвоз кардан

volar

бо бодбон ҳаракат кардан

navegar

ҳисоб кардан

calcular

хондан

leer

омӯхтан

aprender

кор

trabajar

оиладор шудан

casarse

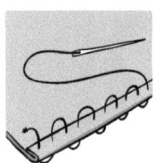

дӯхтан

coser

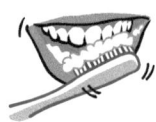

дадон шӯстан

cepillarse los dientes

куштан

matar

дуд

fumar

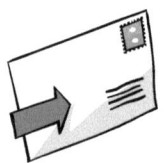

фиристодан

enviar

биби
la abuela

бобо
el abuelo

падар
el padre

модар
la madre

кӯдак
el bebé

хоҳар
la hija

писар
el hijo

меҳмон

el invitado

хола

la tía

амак

el tío

бародар

el hermano

хоҳар

la hermana

бадан
el cuerpo

пешонӣ
la frente
чашм
el ojo
китф
el hombro
ангушт
el dedo
рӯй
la cara
манаҳ
la pera
панҷаи даст
la mano
пой
la pierna
қафаси сина
el pecho
даст
el brazo

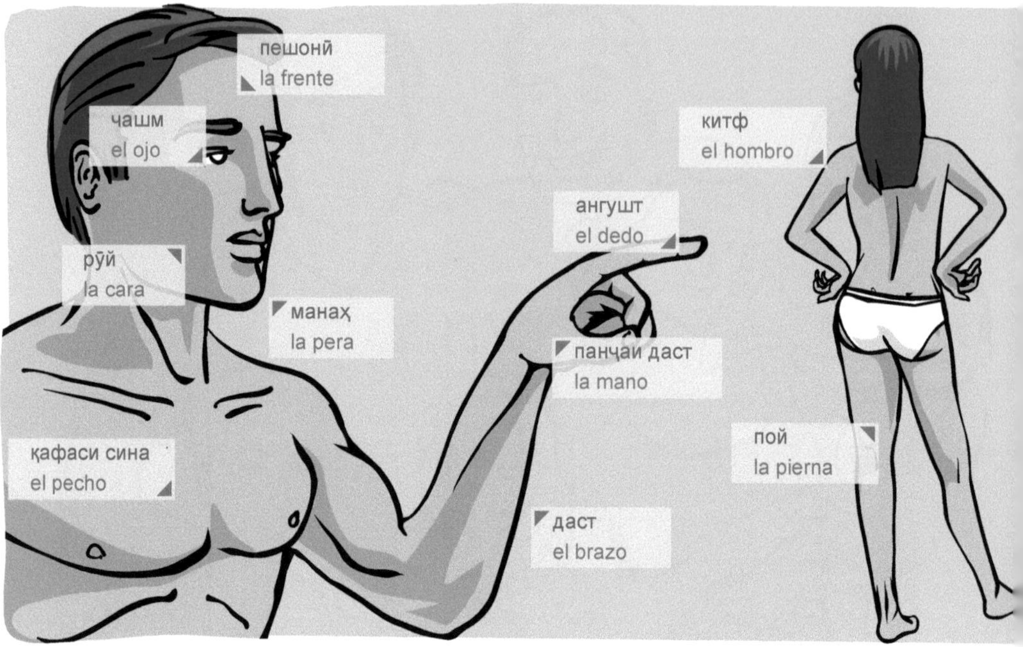

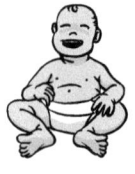

кӯдак

el bebé

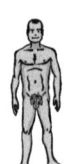

мард

el hombre

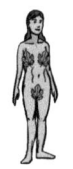

зан

la mujer

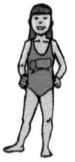

духтар

la nena

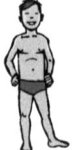

писар

el nene

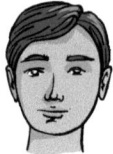

сар

la cabeza

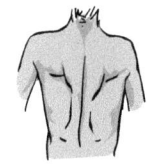

пушт

la espalda

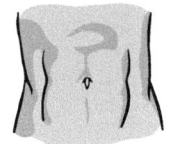

шикам

la panza

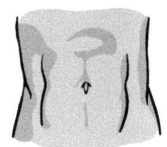

ноф

el ombligo

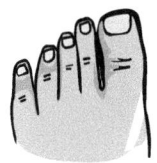

ангушти пой

el dedo del pie

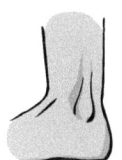

пошнаи пой

el talón

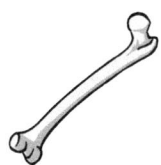

устухон

el hueso

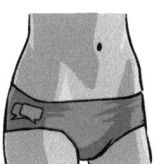

рон

la cadera

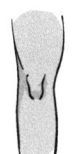

зону

la rodilla

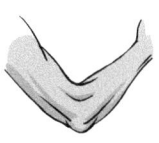

оринҷ

el codo

бинй

la nariz

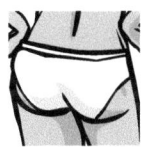

таг

la cola

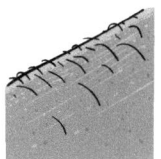

пӯст

la piel

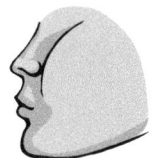

рухсора

el cachete

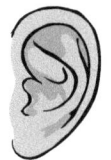

гӯш

la oreja

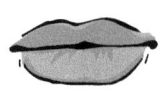

лаб

el labio

даҳон

la boca

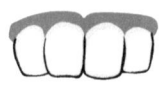

дадон

el diente

забон

la lengua

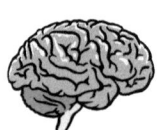

майнаи сар

el cerebro

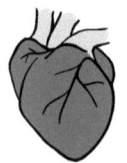

дил

el corazón

мушак

el músculo

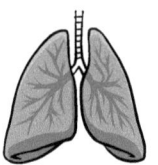

шуш

el pulmón

ҷигар

el hígado

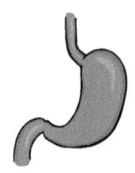

меъда

el estómago

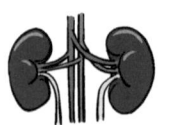

гурдаҳо

los riñones

алоқаи ҷинсӣ

el sexo

рифола

el preservativo

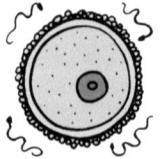

тухмҳуҷайра

el óvulo

нутфа

el semen

ҳомиладорӣ

el embarazo

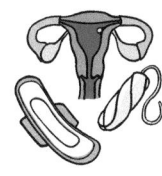

ҳайз

la menstruación

маҳбал

la vagina

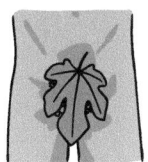

кер

el pene

абрӯ

la ceja

мӯй

el pelo

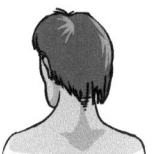

гардан

el cuello

бемористон
el hospital

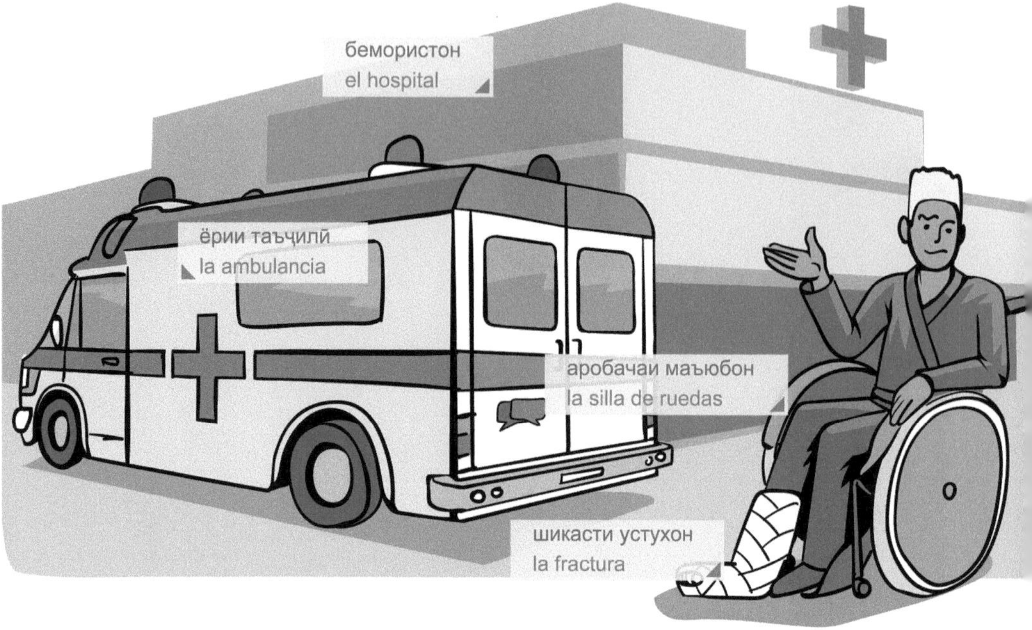

бемористон
el hospital
ёрии таъҷилӣ
la ambulancia
аробачаи маъюбон
la silla de ruedas
шикасти устухон
la fractura

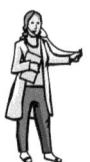

духтур

el médico

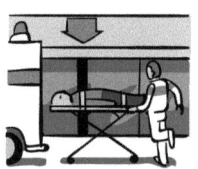

ҳуҷраи ёрии фаврӣ

la sala de guardia

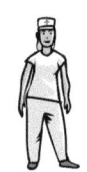

ҳамшираи тиббӣ

la enfermera

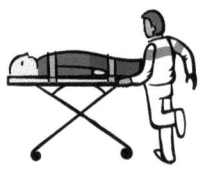

ҳолати фавқулодда

la emergencia

беҳуш

inconsciente

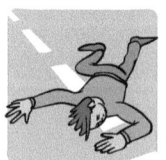

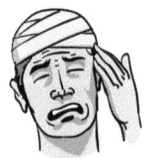

дард

el dolor

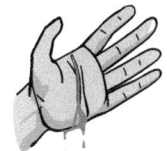

чароҳат

la lesión

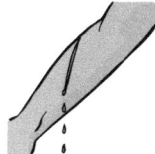

хунравй

la hemorragia

дилзанак

el infarto

сактаи майна

el ACV

аллергия

la alergia

сулфа

la tos

табларза

la fiebre

грипп

la gripe

шикамравй

la diarrea

сардард

el dolor de cabeza

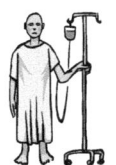

саратон

el cáncer

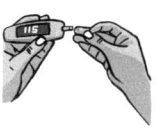

диабет

la diabetes

чаррох

el cirujano

скалпел

el bisturí

чаррохй

la operación

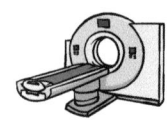

Томографияи компютерй

la TC

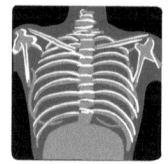

шӯъои ренгенй

los rayos x

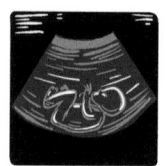

ултрасадо

la ecografía

ниқоби рӯй

el barbijo

беморй

la enfermedad

ҳучраи интизорй

la sala de espera

асобағал

la muleta

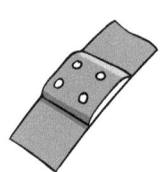

марҳам

la curita

дока

la venda

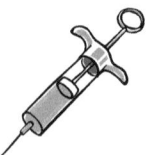

сӯзандору

la inyección

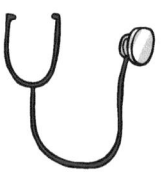

стетоскоп

el estetoscopio

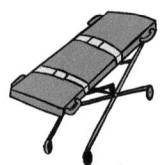

занбар

la camilla

ҳароратсанҷ

el termómetro

таваллуд

el nacimiento

вазни зиёдатй

el sobrepeso

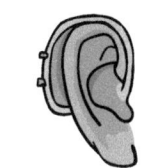

тачхизоти шунавой

el audífono

моддаи безараргардонй

el desinfectante

инфексия

la infección

вирус

el virus

ВИЧ / СПИД

el VIH / SIDA

дору

el remedio

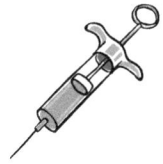

ваксинатсия

la vacunación

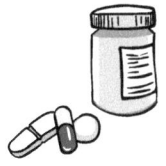

хабхо

los comprimidos

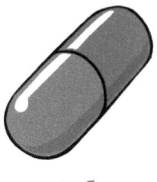

хаб

la pastilla anticonceptiva

занги изтирорй

a llamada de emergencia

монитори фишори хун

el tensiómetro

бемор/солим

enfermo / sano

Кумак!

¡Ayuda!

ҳучум

la agresión

ҳамла

el ataque

хатар

el peligro

баромадгоҳи таҳлиявй

la salida de emergencia

оташнишон

el matafuego

садама

el accidente

хушдор

la alarma

Сӯхтор!

¡Fuego!

дорукуттӣ

el botiquín de primeros
auxilios

бонги хатар

el SOS

полис

la policía

Аврупо

Europa

Америкаи Шимолй

América del Norte

Америкаи Ҷанубй

América del Sur

Африка

África

Осиё

Asia

Австралия

Australia

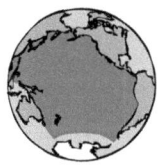

Уқёнуси Атлантик

el Atlántico

Уқёнуси Ором

el Pacífico

Уқёнуси Ҳинд

el Océano Índico

Уқёнуси Антарктика

el Océano Antártico

Уқёнуси Арктика

el Océano Ártico

Қутби шимол

el polo norte

Қутби ҷануб

el polo sur

Антарктика

la Antártida

замин

la Tierra

замин

la tierra

баҳр

el mar

ҷазира

la isla

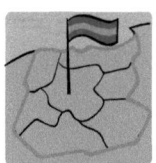

миллат

la nación

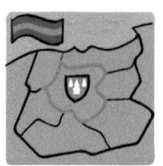

давлат

el estado

сиферблат

la esfera

ақрабаки соат

la manecilla de las horas

ақрабаки дақиқашумор

el minutero

ақрабаки сонияшумор

el segundero

Соат чанд?

¿Qué hora es?

рӯз

el día

замон

la hora

ҳозир

ahora

соати электронй

el reloj digital

лаҳза

el minuto

соат

la hora

хафта
la semana

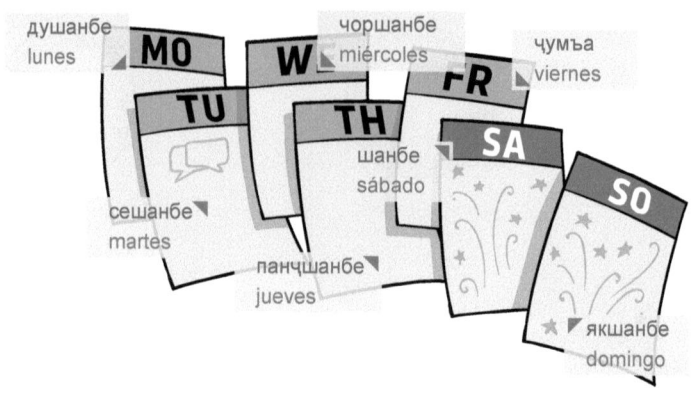

душанбе
lunes

чоршанбе
miércoles

чумъа
viernes

сешанбе
martes

шанбе
sábado

панчшанбе
jueves

якшанбе
domingo

дирӯз

ayer

имрӯз

hoy

фардо

mañana

пагоҳирӯзӣ

la mañana

нимрӯз

el mediodía

шом

la tarde

рӯзҳои корӣ

los días hábiles

истироҳат

el fin de semana

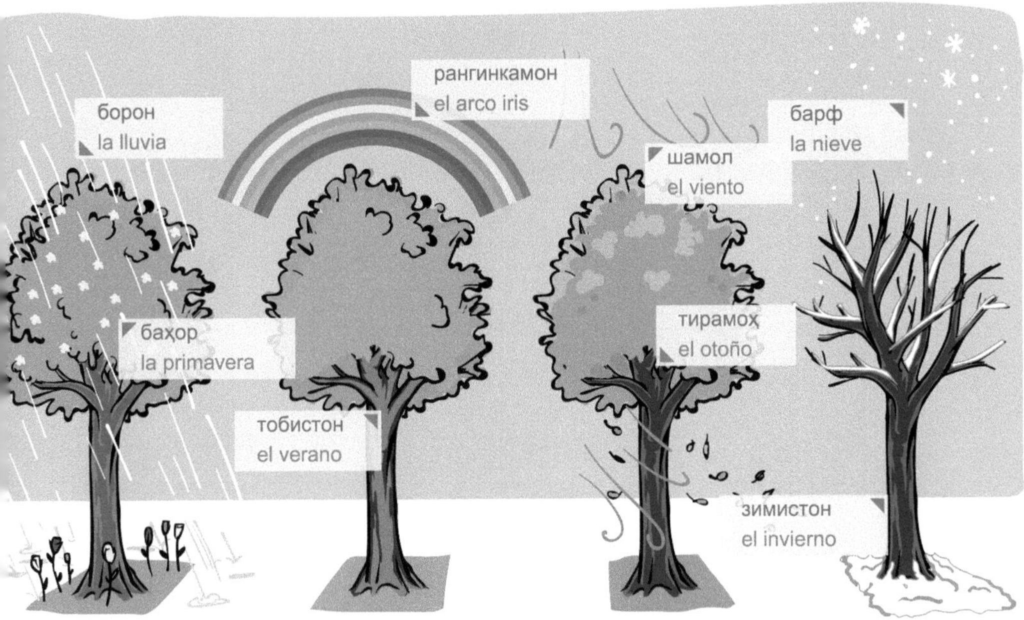

рангинкамон
el arco iris
борон
la lluvia
барф
la nieve
шамол
el viento
баҳор
la primavera
тирамоҳ
el otoño
тобистон
el verano
зимистон
el invierno

4.APRIL 11°
5.APRIL 4°
6.APRIL 13°
7.APRIL 8°
8.APRIL 10°

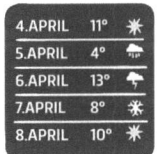

Обу ҳаво

pronóstico meteorológico

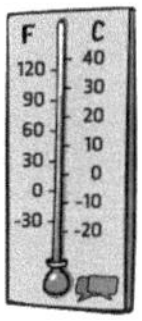

F C
120 40
90 30
60 20
30 10
0 0
-30 -10
-20

ҳароратсанҷ

el termómetro

равшании офтоб

la luz del sol

абр

la nube

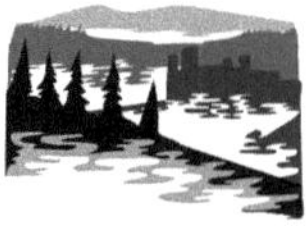

туман

la niebla

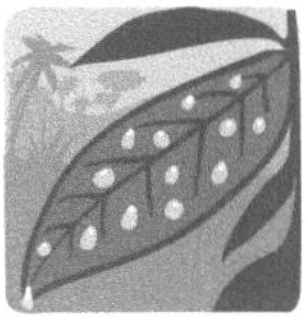

намнок

la humedad

барқ

el rayo

тундар

el trueno

тӯфон

la tormenta

жола

el granizo

муссон

el monzón

обхезӣ

la inundación

ях

el hielo

январ

enero

феврал

febrero

март

marzo

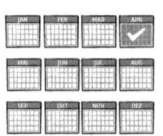

апрел

abril

май

mayo

июн

junio

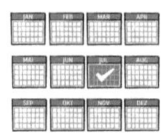

июл

julio

август

agosto

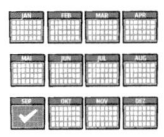

сентябр
....
septiembre

октябр
....
octubre

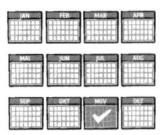

ноябр
....
noviembre

декабр
....
diciembre

давра
....
el círculo

мураббаъ
....
el cuadrado

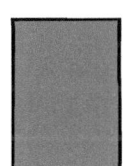

росткунья
....
el rectángulo

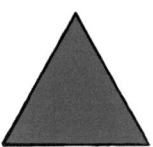

секунья
....
el triángulo

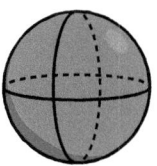

соњаи
....
la esfera

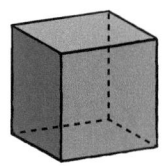

мукааб
....
el cubo

гулобй

blanco

хокистаранг

amarillo

зард

naranja

бунафшранг

rosa

сурх

rojo

қаҳваранг

violeta

кабуд

azul

сиёҳ

verde

кабуд

marrón

сафед

gris

сабз

negro

бисёр/кам

mucho / poco

хашмгин / ором

enojado / tranquilo

зебо/безеб

lindo / feo

оғози / охири

el principio / el fin

калон/хурд

grande / chico

дурахшон / торик

claro / oscuro

бародари / хоҳар

el hermano / la hermana

тоза/чиркин

limpio / sucio

пурра / нопурра

completo / incompleto

рӯзи / шаб

el día / la noche

мурдагон / зинда

muerto / vivo

кушод/танг

ancho / angosto

хӯрданӣ /
хӯрданашаванда
comestible / no comestible

бад/нек

malo / amable

ба ҳаяҷон / дилгир

entusiasmado / aburrido

ғавс/борик

gordo / flaco

якум/охирин

primero / último

Дӯсти / душмани

el amigo / el enemigo

пур/холӣ

lleno / vacío

сахт/мулоим

duro / blando

вазнин/сабук

pesado / liviano

гуруснагӣ / ташнагӣ

el hambre / la sed

бемор/солим

enfermo / sano

ғайриқонунӣ / ҳуқуқӣ

ilegal / legal

соҳибақл / беақл

inteligente / estúpido

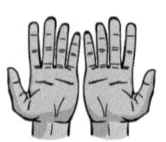

рост/чап

izquierda / derecha

наздик/дур

cerca / lejos

нави / истифода бурда мешавад

nuevo / usado

ҳеҷ / чизе

nada / algo

пир/ҷавон

viejo / joven

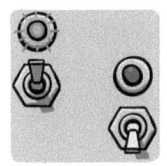

оид / хомӯш

encendido / apagado

кушода/пӯшида

abierto / cerrado

паст/баланд

silencioso / ruidoso

бой/камбағал

rico / pobre

дуруст/нодуруст

correcto / incorrecto

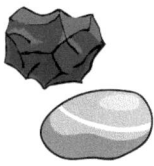

дурушт/ҳамвор

áspero / suave

ғамгин/хушбахт

triste / contento

кӯтоҳ/дароз

corto / largo

оҳиста/тез

lento / rápido

тар/хушк

mojado / seco

гарм / сард

caliente / frío

ҷанг / сулҳ

guerra / paz

0

нол

cero

1

як

uno

2

ду

dos

3

се

tres

4

чор

cuatro

5

панҷ

cinco

6

шаш

seis

7

ҳафт

siete

8

ҳашт

ocho

9

нӯҳ

nueve

10

даҳ

diez

11

ёздаҳ

once

12

дувоздаҳ

doce

13

сензадҳ

trece

14

чордаҳ

catorce

15

понздаҳ

quince

16

шонздаҳ

dieciséis

17

ҳабдаҳ

diecisiete

18

ҳаждаҳ

dieciocho

19

нуздаҳ

diecinueve

20

бист

veinte

100

сад

cien

1.000

ҳазор

mil

1.000.000

миллион

el millón

англисӣ

el inglés

англисии амрикой

el inglés americano

мандарини хитой

el chino mandarín

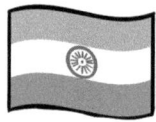

ҳиндӣ

el hindi

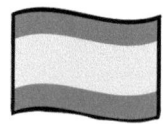

испанӣ

el español

фаронсавӣ

el francés

арабӣ

el árabe

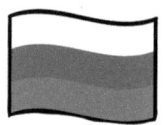

русӣ

el ruso

португалӣ

el portugués

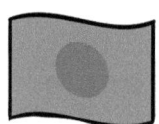

бенгалӣ

el bengalí

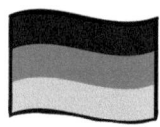

олмонӣ

el alemán

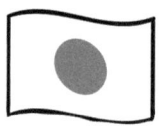

ҷопонӣ

el japonés

ман

yo

шумо

vos

Ӯ / вай / он

él / ella

мо

nosotros

шумо

ustedes

онхо

ellos

ки?

¿quién?

чй?

¿qué?

Чй хел?

¿cómo?

дар кучо?

¿dónde?

кай?

¿cuándo?

ном

el nombre

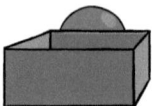

аз паси

detrás

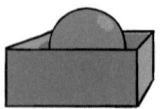

дар

en

дар пеши

adelante de

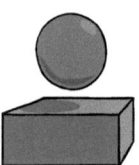

дар болои

por encima de

дар рӯи

sobre

дар зери

debajo de

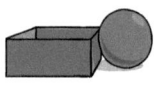

дар назди

al lado de

миёни

entre

чой

el lugar